Monsieur Bluff et...

Monsieur Bluff et...

l'art de parler en public

Editions Anne Carrière

AVERTISSEMENT AU LECTEUR

N'ayant sans doute ni le temps, ni l'envie d'assimiler une encyclopédie en douze volumes sur l'art de parler en public, vous avez compris, dans votre grande sagesse, que la lecture de cet ouvrage était le meilleur moyen de vous initier si cette discipline vous est totalement inconnue ou de parfaire vos connaissances dans ce domaine.

Si le ton de ce livre est léger, voire teinté d'un certain humour, le fond, lui, est fiable et solide, puisqu'il a été rédigé par des spécialistes. Mais attention ! Traiter un aussi vaste sujet en une centaine de pages a nécessité des choix forcément subjectifs – laissés à la discrétion, et sous l'entière responsabilité, de leur auteur. Il en résulte un ouvrage non exhaustif, mais dont les orientations, que vous pourrez reprendre à votre compte, sembleront à vos interlocuteurs éblouis le signe d'une culture bien assimilée. Ce parti pris reflète l'essence même de cette collection.

Jean-Loup CHIFLET

Par Chris Steward et Mike Wilkinson
Adaptation française de Jean-Loup Chiflet

ISSN : 1278-3722
ISBN : 2-84337-006-X

INTRODUCTION

De récents sondages d'opinion affirment que, dans la liste de ce qui peut nous arriver de pire, parler en public vient en tête (avant même la peur de mourir, c'est dire !).

Ce guide s'est donc tracé pour ambition :

1. De mettre en garde tous les malheureux qui, à une invitation à prendre la parole, seraient tentés de répondre oui sans réfléchir et sans se rendre compte de ce à quoi ils s'engagent, ni de ce qui les attend.

2. D'être *le* mode d'emploi pour les téméraires et autres inconscients qui, après avoir retrouvé leurs esprits, se disent : « J'ai accepté. Et maintenant, qu'est-ce que je fais ? »

3. De vous convaincre que le pire n'est pas toujours sûr (dicton britannique qui vous enchantera sûrement quand vous flirterez avec le trac).

4. D'apporter une aide charitable – et autant de bons tuyaux – à ceux qui n'ont guère le choix : pères de mariés, témoins, chefs d'entreprise, évêques, présidents d'amicales et autres associations, présentateurs ou animateurs malgré eux...

LA PRÉPARATION DU DISCOURS

Bien des choses ont déjà été dites ou écrites sur l'art de parler en public par des auteurs qui, à l'évidence, ont pris la chose trop au sérieux. L'art oratoire peut être, mais oui, un véritable plaisir, à condition de l'aborder comme il se doit. Réussir un discours et transformer un désastre en triomphe est réellement à la portée de tout le monde. Il suffit de respecter quelques règles et recommandations élémentaires qui font l'objet de cet ouvrage.

Une armée de soi-disant experts, écrivains professionnels et autres conseils en communication semble s'être liguée, on se demande pourquoi, dans le but de persuader un maximum d'orateurs potentiels que prononcer un discours était une vraie galère.

Comme tant d'autres, ils appliquent le principe qui a fait et fera sans doute la fortune de toutes les grandes écoles de France et de Navarre : pourquoi faire simple quand on peut faire compliqué ?

Une des premières choses que Monsieur Bluff devra retenir, s'il veut devenir un bon orateur, c'est que préparer un exposé se résume justement à une démarche relativement simple qui comporte deux étapes.

1. Décider du sujet

Le sujet peut vous avoir été imposé. Il peut également correspondre à un domaine qui vous est familier – par exemple, la gestion de stocks et les flux tendus – ou dont vous ne connaissez strictement rien – par exemple, la gestion de stocks et les flux tendus... Quel que soit le cas de figure, aucune importance : il vous suffira de faire appel à quelques astuces et ficelles pour attaquer en toute confiance votre exposé, avec la sincère conviction – c'est la base de tout – de connaître le sujet mieux que quiconque présent dans l'assistance.

2. Trouver ce qu'il faut en dire

Si c'est plus facile quand on connaît un peu son sujet, il ne faut surtout pas se décourager dans le cas contraire ! Un certain nombre d'individus gagnent fort bien leur vie à parler en public de sujets dont ils ignorent tout, les hommes politiques et les présentateurs de télévision venant en tête de liste, sans parler des autres.

La méthode

Chacun sait qu'il n'y a pas de meilleur aiguillon dans la vie que la sensation délicieuse d'être capable de maîtriser un problème. C'est pourquoi, vous allez prendre un bon bloc-notes et inscrire (chaque fois sur une page nouvelle) toute idée ou tout argument qui vous passe par la tête ou qui pourrait – tout arrive – résulter de vos réflexions sur le thème de votre futur exposé. Vous pouvez et vous devez dans ce cas :

a) modifier comme bon vous semble, selon vos propres critères (qu'ils soient rationnels, intuitifs ou franchement tordus), l'ordre dans lequel vous désirez ordonner ces idées, pour parvenir à des enchaînements et à une continuité logique ;

b) jeter dans la corbeille à papier toutes les pages, c'est-à-dire les idées, que vous jugerez finalement superflues ou sans intérêt (soyez sans crainte, elles seront nombreuses), sans que le reste du discours en pâtisse ;

c) donner à n'importe quel observateur, mais d'abord et surtout à vous-même, la sensation de progresser à pas de géant dans votre travail.

À ce stade, pas question de développer longuement vos idées, il faut seulement relever et noter celles qui vous viennent à l'esprit.
Dans les heures ou jours qui suivent, offrez-vous, dès que l'occasion se présente, le plaisir de boire un coup et, accessoirement, de relire et enrichir vos notes. À un moment – on observe toujours avec bonheur que c'est le bon –, vous constaterez que, sans avoir l'air d'y toucher, vous avez finalement réuni assez d'éléments et que vous avez de quoi pondre un discours complet.

Le message

Deux malentendus ont la vie dure : le premier, c'est qu'un discours ne doit comporter qu'un message et un seul ; le second, que ce message doit correspondre aux attentes de l'auditoire. Des études récentes prouvent le contraire. Selon une enquête, réalisée par des étudiants en communication de l'université de Cergy-Pontoise, auprès de vingt-trois personnes présentes à la réunion d'information tenue par l'Amicale interprofessionnelle de la vallée de l'Epte à Chénérailles-en-Vexin (Val-d'Oise), treize auditeurs somnolaient, quatre estimaient la chaleur intolérable ; les six autres étaient des touristes étrangers épuisés, parfaitement conscients de s'être fourvoyés dans cette réunion mais désireux de s'asseoir un moment et prêtant une oreille attentive aux orateurs par pure politesse.

Le seul problème, si d'aventure vous vous laissiez abuser par ce genre d'arguments et par ceux qui les colportent, c'est qu'il vous faudrait alors consacrer à la préparation de vos propres discours beaucoup plus de temps que nécessaire. Mais en appliquant le principe bien connu selon lequel les meilleures solutions sont toujours les plus simples, vous conviendrez vite qu'un discours sans message n'exige aucune préparation et que les bénéfices à tirer de cette approche positive sont évidents :

• Débarrassé de la contrainte d'avoir à transmettre un message, vous laisserez enfin la porte ouverte à cette créativité débridée et aux traits d'esprit que l'on ne cesse d'apprécier chez vous (mais si, mais si...).

• Personne ne pourra vous reprocher ensuite d'avoir suscité le moindre incident, et encore moins d'avoir poussé les auditeurs à en venir aux mains puisque votre exposé était dépourvu de tout argument substantiel, donc incolore, inodore et sans saveur.

• Une fois que vous aurez préparé un tel discours, vide de toute idée profonde, vous pourrez le resservir en quelque occasion que ce soit, et elles seront nombreuses. Vous vous épargnerez ainsi de la fatigue, mais aussi un temps qui, vous concernant, est particulièrement précieux.

Winston Churchill décrivait ainsi l'orateur idéal : « La meilleure description qu'on puisse faire de lui est d'être de ces orateurs qui, lorsqu'ils se lèvent, n'ont pas la moindre idée de ce qu'ils vont dire, qui, lorsqu'il parlent, ne savent pas ce qu'ils disent et qui, une fois assis, ne savent plus ce qu'ils ont dit. »
Voilà qui est clair et ne laisse aucun doute sur le but à atteindre.

La construction

L'usage veut que tout discours comporte un début, un milieu et une fin. Évident sans doute, pourtant bien des orateurs ne sont pas fichus de proposer une introduction digne de ce nom et encore moins de terminer par une bonne conclusion. Combien d'auditoires prennent conscience qu'un discours vient de s'achever en étant réveillés en sursaut par les applaudissements !
C'est pourquoi Monsieur Bluff doit apprendre à concentrer ses efforts sur l'introduction et la conclusion, parce que ce sont les seules choses dont son public se souviendra. Entre les deux, il sera toujours

possible de placer n'importe quoi, sans troubler l'assoupissement ou les ronflements de l'assistance. Monsieur Bluff doit toutefois savoir que l'on peut toujours récupérer l'attention (hélas ! fluctuante) de l'auditoire grâce à des formules telles que : « et pour résumer », ou surtout, « et pour conclure »...
L'effet est immédiat. Monsieur Bluff pourra donc utiliser cette ficelle autant de fois qu'il le faudra durant son exposé, sans en abuser cependant, pour ne pas prendre le risque de se faire casser la figure à la sortie.

L'envoi

Rédiger le début d'un discours est souvent très délicat. Une fois passé le rituel « Bonjour/bonsoir, mesdames/messieurs », on peut rester assis, l'œil fixé sur sa feuille blanche, pendant des heures, voire pour l'éternité.
Regardez la presse quotidienne. Elle se nourrit de ces autres spécialistes ès bluff que sont les journalistes ; leur talent consiste à inventer des titres, accroches ou chapeaux qui incitent les lecteurs à dévorer leur article de bout en bout. Candidat à la prise de parole en public, Monsieur Bluff pourra s'inspirer, lui aussi, des titres choisis au hasard dans quelques quotidiens, par exemple :
« Le dernier rapport de la Cour des comptes décrit en détail les malversations financières imputables à de

nombreux ministres, présidents de région, patrons d'entreprises publiques et élus de toutes tendances. Tous les détails page 12 en rubrique Vie publique. »

« La richissime héritière des beaux quartiers dilapidait sa dot en dissimulant une inavouable passion pour le gigolo à qui la "fièvre du samedi soir" ne faisait pas seulement enfler la tête. Tous les détails page 10 en rubrique Société. »

« Votre quartier fait sûrement partie de ceux qui bénéficieront des travaux... et des encombrements de circulation à prévoir durant la saison d'été. Tous les détails page 6 en rubrique Vie pratique. »

Prenez-en donc de la graine et inspirez-vous de cette méthode : attirez l'attention de vos auditeurs en dégageant derechef un aspect ou des détails particulièrement motivants par rapport à l'ensemble de votre exposé.
La phrase d'envoi doit captiver votre public pendant les deux premières minutes de l'exposé. Pourquoi ? Parce que la capacité de concentration de n'importe quel auditoire est, en règle générale, comparable à celle de tout mammifère plus ou moins ruminant : passé ce délai, elle disparaît.

Le fond du discours

Quel que soit le sujet sur lequel ils portent, la plupart des discours se contentent d'exprimer des opinions personnelles. Inutile, donc, de prétendre clore le débat en donnant le dernier mot, ni faire le point complet sur le problème concerné.

Monsieur Bluff ne négligera pourtant pas d'évoquer tel détail, sans importance mais piquant, qui contribuera à sa réputation beaucoup mieux que ne le ferait un développement solidement argumenté, tout en lui permettant de passer pour un orateur maîtrisant à fond son sujet.

Enfin, n'oubliez jamais que, dès l'instant où vous vous levez pour prendre la parole, les deux tiers de votre auditoire vous considèrent comme autorisé à vous exprimer sur le sujet en question.

La chute

L'erreur grossière à ne pas commettre est évidemment de clore votre exposé par un vague «merci», mollement prononcé, en vous rasseyant. Les grands orateurs, eux, concluent par un effet dramatique, car ils savent mieux que personne que la conclusion est probablement l'un des rares moments où les auditeurs font preuve d'une (relative) attention. Il est donc capital de terminer avec fermeté et sur une note positive, surtout si votre intention est de rallier l'auditoire à un point de vue précis, par exemple :

– adhésion à une proposition ;
– recommandation d'une action ;
– demande de subvention.

Lorsque la fin de l'exposé approche, une phrase comme « Mesdames, messieurs, pour résumer l'ensemble de mon propos... » produit l'effet d'un tampon imbibé d'ammoniaque sous le nez d'un auditoire délicieusement plongé dans une douce torpeur. C'est le moment où, après avoir marqué une pause pour laisser à votre public le temps de retrouver définitivement ses esprits, vous pouvez intelligemment vous lancer dans l'évocation des deux ou trois points clés de votre discours. Rappelez-vous aussi que les gens ne s'intéressent qu'à ce qui peut leur être utile, et concluez par l'évocation détaillée des multiples profits que vos auditeurs vont retirer de vos idées. Voici les thèmes qui ont le plus de chances de bénéficier de l'intérêt ou du soutien de votre public :
– l'espoir d'une vie meilleure (ça marche toujours) ;
– la révélation d'une information très confidentielle connue de quelques *happy few* ;
– le buffet. Attention, si vous lui signalez que le buffet va fermer dans dix minutes, le public sera confronté à un choix cornélien. Et cette technique de « bourrage oratoire » (parler pour ne rien dire), qui peut paraître astucieuse, ne vous servira pas à grand-chose si vous vous trouvez placé entre l'auditoire et le buffet.

La forme

Souvenez-vous de l'adage anglais KISS (*Keep it Simple, Stupid*, Faites simple et bête). Songez aux hommes politiques : la simplicité de leurs discours frise souvent la banalité. Cependant, Monsieur Bluff n'ayant pas à considérer comme indispensable le fait de savoir de quoi il parle, il aura tout intérêt à utiliser un jargon, truffé si possible de termes aussi multisyllabiques que sibyllins, c'est-à-dire incompréhensibles. De toute manière, qu'il ne se croie surtout pas obligé d'utiliser le vocabulaire qui correspondrait au sujet traité.

Éviter la simplicité

Il est donc impératif de remplacer des mots simples par des mots compliqués :

Ne dites pas	**Dites**
Abandonner	Sacrifier sur l'autel de...
Affaibli	Fragilisé
Anglais	Langue de Shakespeare
Beaucoup	Moult
Belgique	Outre-Quiévrain
Cérémonie	Grand-messe
Concilier	Lâcher du lest

Contester	Mettre le holà
Corps	Anatomie
Critiquer	Fustiger
Crime	Forfait
Danger	Épée de Damoclès
Difficulté	Bâtons dans les roues
Froid	Frimas
Grand	Considérable
Image	Archétype
Italien	Transalpin
Journal	Gazette
Mais	Toutefois
Manger	Ingurgiter
Mouvement	Mise en branle
Odeur	Remugle
Œil	Prunelle
Orgueilleux	Infatué
Penser	Spéculer
Plaisir	Volupté
Port	Havre
Repas	Agapes
Reproche	Récrimination
Riche	Nanti
Succéder	Reprendre le flambeau
Tutelle	Férule, ou houlette
Vite	Tambour battant

Coller au « politiquement correct »

De même, il faut veiller à être toujours « politiquement correct », et pour cela périphraser en s'arrangeant pour ne rien dire qui puisse ni déplaire ni signifier explicitement ou crûment quoi que ce soit :

Ne dites plus	Dites
Alcoolique	De sobriété contestable
Amant	Compagnon, confident, ami
Adultère	Liaison hors mariage
Arriviste	Ambitieux
Assistance Publique	Services de la DDASS
Aveugle	Mal voyant
Boiteux, bossu	Handicapé
Bourgeois, riches, nouveaux riches	Milieux favorisés
Bourgeois, grand bourgeois	De bonne famille/BCBG
Créature de rêve	Jeune femme de bon aloi
Cancre/paresseux/ bonnet d'âne	Élève en difficulté
Casseurs/Malfaiteurs/ bons à rien	Jeunes des quartiers sensibles
Chambre de bonne	Chambre d'étudiant
Chômeur indigent	RMIste
Cocu	Conjoint trompé
Crétin	Cérébralement différent

Dévoyé/clochard/ mendiant	Marginal
Écarts de valeur entre monnaies	Différentiel d'inflation
Employée de maison	Aide ménagère
Excité/révolutionnaire/ gauchiste	Contestataire
Faire la charité/ l'aumône	Être socialement solidaire
Fille-mère	Mère célibataire
Gâteux	Handicapé du troisième âge
Immigré clandestin	Sans-papiers
Inculpé	Mis en examen
Insémination artificielle	Procréation médicalement assistée
Ivre/soûl/éméché	En état d'ébriété
Légalisation	Dépénalisation
Licenciement	Réduction des sureffectifs
Minorité ethnique	Personnes de culture différente
Noir/indigène/Africain/ Antillais	Homme de couleur
Nord-Africain	Maghrébin
Pauvre	De milieu défavorisé
Cul-de-jatte	Personne à mobilité réduite
Prostituée	Femme de mœurs légères
Proxénète	Protecteur
Soupe populaire	Restaurants du cœur

Fuir les barbarismes

Enfin, est-il besoin de rappeler certains pièges de la langue française dans lesquels un orateur averti ne devra surtout pas tomber ? Voici les plus courants :

Ne dites pas	**Dites**
Aéropage	Aréopage
Aréonaute	Aéronaute
En bicyclette	À bicyclette
Bourré de remords	Bourrelé de remords
Carapaçonné	Caparaçonné
Conséquent	Important
Coordinateur	Coordonnateur
Coutumace (par)	Contumace (par)
Définitif (en)	Définitive (en)
Déguingandé	Dégingandé
Dilemne	Dilemme
Entrefaits (sur ces)	Entrefaites (sur ces)
Exangue	Exsangue
Filigramme	Filigrane
Frustre	Fruste ou rustre
Infractus	Infarctus
Je m'en rapelle	Je me le rappelle
Je pars à Paris	Je pars pour Paris
Les escaliers (dans)	L'escalier (dans)

Malgré que	Bien que
Pallier à un défaut	Pallier un défaut
Pantomine	Pantomime
Par contre	En revanche
Pécunier	Pécuniaire
Perclue (une femme)	Percluse
Périgrination	Pérégrination
Rabattre les oreilles	Rebattre les oreilles
Rassénéré	Rasséréné
Regaillardi	Ragaillardi
Rénuméré	Rémunéré
Tête d'oreiller	Taie d'oreiller
Un espèce d'individu	Une espèce d'individu
Un sorte de bateau	Une sorte de bateau
Cela m'indiffère	Cela m'est indifférent
Cela m'insupporte	Cela m'est insupportable

Être socialement correct

Enfin, s'il s'exprime devant un parterre de grosses baronnes, Monsieur Bluff veillera autant que faire se peut à ne pas être vulgaire et à se souvenir des règles élémentaires du « savoir parler » qui est au langage ce que le couteau à poisson est au savoir-vivre :

Ne dites pas	**Dites**
Aller au coiffeur	Aller chez le coiffeur
Causer	Parler

Des fois	Parfois, quelquefois
Pépé, mémé	Papy, mammy, grand-père, grand-mère bon-papa, bonne-maman
Tata	Tante Alix, ma tante X...
Votre dame	Votre femme
Votre demoiselle	Votre fille
Faites donc	Je vous en prie
Enchanté	Bonjour, monsieur, bonjour, madame,
Sans façon ?	Vraiment ?
Bien le bonjour à...	Mon bon souvenir à...
Les waters	Les lavabos
W.-C. (vécés)	Toilettes
De suite	Tout de suite
Le stylo à mon père	Le stylo de mon père
M. Blanc et sa femme	M. et Mme Blanc
Votre papa	Votre père
Il est très causant	Il parle beaucoup
Ce tantôt	Cet après-midi
Se fréquenter	Sortir ensemble
Ce midi	À midi
Manger	Déjeuner, dîner
Le quatre-heures	Le goûter
Messieurs dames	Madame, monsieur, mesdames et messieurs
Bonjour, madame Riou	Bonjour, madame
Il fait soleil	Il y a du soleil

Au plaisir	À bientôt, au revoir
Aller à la neige	Aller aux sports d'hiver
Malpoli	Mal élevé, impoli
La noce	Le mariage
Travailler de trop	Travailler trop

Citations et anecdotes

Vous pouvez citer Shakespeare, Confucius, Jean-Paul Sartre ou de Gaulle, mais à vos risques et périls. Quelqu'un dans la salle pourrait en effet démontrer qu'il connaît mieux que vous l'auteur cité et, pis encore, le contexte dans lequel s'inscrit la citation ainsi que sa véritable signification.

Il sera souhaitable, en conséquence, que Monsieur Bluff se réfère à des auteurs moins connus, voire aussi inconnus que possible. Non seulement ces sources demeureront incontestées mais vous pourrez citer aussi n'importe qui et n'importe quoi sans que personne y trouve à redire. Tout le monde connaît des citations inventées et attribuées à Goethe (sans conteste possible), ou, mieux, des proverbes « chinois » ou slovènes. Comme tous les bacheliers ès lettres ou en philosophie, Monsieur Bluff pourra ainsi épater un public émerveillé.

À titre d'exemple, on trouvera en annexe un florilège de citations pour discours de mariage.

Un tombereau d'anecdotes en tout genre sera également bienvenu pour mettre un peu de sel à votre exposé, si vous n'avez que peu de choses intéressantes à dire. D'ailleurs ces anecdotes peuvent très bien n'avoir aucun lien avec votre discours, l'essentiel étant de distraire un auditoire assoupi.

Répétitions

Les trous de mémoire et autres accrocs au scénario programmé pourront être facilement comblés par la répétition, même réitérée, d'un propos ou d'une idée déjà évoqués. Non seulement cette pratique a le mérite de raccourcir le texte de préparation de votre exposé, mais elle peut vous sauver d'un raisonnement particulièrement fumeux dans lequel vous seriez en train de patauger. Le meilleur truc : limitez-vous à une seule idée et reformulez-la de toutes les manières possibles et imaginables.

Les trucs

Les pense-bêtes

Comme leur nom ne l'indique pas, il s'agit d'astuces susceptibles de vous aider à garder en mémoire la substance de votre sujet. C'est peut-être le cadet de vos soucis mais tout orateur qui se respecte doit pouvoir disposer :

- d'un aide-mémoire des idées clés auxquelles il doit se référer,
- de l'ordre dans lequel il doit les énumérer.

La meilleure façon d'y parvenir est d'utiliser des fiches bien ficelées. Sur chacune, vous noterez quelques mots clés qui joueront le rôle du souffleur au théâtre. Prenez le temps d'y jeter un regard et de les consulter ; leur objectif est aussi de ralentir votre débit, ce qui, selon les spécialistes, rend l'exposé plus naturel. Comme le disait le publicitaire David Ogilvy : « C'est l'espace laissé en blanc qui fait lire l'espace imprimé. » Tous les orateurs savent que c'est le silence qui ranime l'attention et, ainsi, fait entendre au sens profond du terme, c'est-à-dire comprendre.

Le problème c'est que plus le discours est long, plus il faut de fiches, et plus le risque de les confondre est grand. Pour compliquer encore les choses, certains préconisent l'utilisation de signes codés (des hiéroglyphes), pour lesquels deux interprétations au moins sont possibles : la première est celle qui était la vôtre lorsque vous avez rédigé le pense-bête, la seconde celle qui vous viendra à l'esprit quand, dans le feu de l'action, vous plongerez sur votre sigle en n'ayant plus aucune idée de sa signification !

Symbole/ mot clé	Significations possibles
$	1) Évoquer et développer les incidences financières. 2) Ne pas oublier de réclamer mon chèque.
!	1) Souligner cet aspect de la question. 2) J'ai encore oublié de commander le champagne pour Noël.
#	1) Argument clé. 2) Ne pas louper demain le match Amsterdam-Maubeuge.
+	1) Points positifs du développement en cours. 2) Changer les amortisseurs de la 205.
–	1) Points négatifs de la démonstration. 2) Demander un découvert à la banque.
?	1) Faire réagir l'auditoire sur cet argument. 2) Qu'est-ce que je fais ici ? 3) À quelle heure est prévu le cocktail ?
##	1) Bien relier ce développement au suivant. 2) Où se trouve la sortie de secours ?

T	1) Placer le transparent prévu sur le rétro-projecteur. 2) Merde, mais lequel ?
J	1) Sourire. 2) Raconter l'histoire du type de la gare Saint-Lazare. 3) C'est quoi déjà l'histoire du type de la gare Saint-Lazare ?
L	1) Prendre l'air sérieux. 2) Où sont les toilettes ?
V	1) Mettre en route la cassette vidéo prévue. 2) En profiter pour faire un petit somme.
...	1) Marquer un temps d'arrêt pour suivre l'effet produit. 2) Passer à la fiche suivante.
intro	1) Me présenter, ainsi que le thème de l'exposé. 2) Me faire présenter à la belle fille (ou au beau mec) du premier rang.

S'exercer avant

« Vingt fois sur le métier remettez votre ouvrage, polissez-le sans cesse et le repolissez. » Il en va de la répétition de votre prestation comme de la bonne prose selon Boileau. Vous devez répéter à voix haute le discours, dont vous avez préparé les thèmes clés et le déroulement, vos fiches pense-bête à l'appui. Monsieur Bluff pourra d'ailleurs, comme Flaubert dans son « gueuloir », exercer sa diction pour sentir si ça passe ou non, ajuster son intonation et modifier ou ajouter tel mot ou telle citation qui lui viendront à l'esprit en cours de route. Il sera surpris du nombre de bonnes idées ou d'expressions nouvelles que cet exercice lui réservera. Une telle répétition vous permettra de vérifier si vous maîtrisez l'ensemble de votre discours, ou si vous ne le maîtrisez pas...

Le fin du fin est d'arriver devant votre public dans le même état d'esprit que s'il s'agissait d'une répétition. Votre aisance et votre naturel ne pourront alors que vous rallier l'auditoire, car rien n'impressionne autant qu'un orateur sûr de lui. Et l'on n'est jamais aussi sûr de soi que lorsqu'on est en train de répéter ! C'est une des techniques bien connues des professeurs d'université qui n'ont pas toujours le temps de préparer leurs cours et qui n'hésitent pas à « réfléchir à haute voix » devant des étudiants épatés de recueillir ainsi les pensées toutes chaudes sortant du cerveau de leur maître.

Autres conseils utiles

1. Répétez face à une glace (non, non, ne riez pas, les plus grands orateurs sont passés par là), mais en

modérant la complaisance naturelle que vous avez pour vous-même. Le but de cet exercice n'est pas de vous regarder mais de percevoir ce que les autres verront de vous. Le miroir aidera à repérer vos défauts de diction, le premier étant de ne pas ouvrir suffisamment la bouche en parlant.

2. Enregistrez vos paroles, même s'il faut du cœur au ventre pour déployer toutes ses facultés de persuasion devant un magnétophone. Son seul mérite : ne pas pouvoir protester. Si vous avez l'impression que rien n'est plus difficile que de s'adresser à un enregistreur, vous verrez quand vous vous adresserez à votre public !

3. Si ça vous tente, essayez avec une caméra vidéo permettant à la fois de vous entendre et de vous observer. En analysant le résultat, tâchez d'être autocritique et posez-vous les questions suivantes :
• Ai-je des comportements franchement désagréables dont je ne m'étais jamais rendu compte ? Si vous vous observez en train de faire des gestes dont non seulement vous n'imaginiez pas être capable, mais que vous vous étiez toujours refusé de faire, dites-vous que le public n'appréciera pas non plus.
• Quelle allure ai-je ? On dit que la caméra ne ment jamais mais voilà une situation où l'on aimerait – par-

fois – qu'elle mente. Certains orateurs ont passé des années en salle de sports – à essayer de sauver leur corps à l'abandon – après s'être vus sur l'écran.

• À quoi ressemblé-je ? Une fois passé le choc (très éprouvant) dû au fait que vous n'avez pas du tout l'air de ce que vous êtes réellement au fond, creusez la chose. Faites l'effort de modifier le rythme de votre propos et le ton de tel ou tel passage de votre discours, mettez-vous à chanter dans votre salle de bains, inscrivez-vous au club de théâtre ou à la chorale de votre quartier... Bref, faites n'importe quoi, mais faites quelque chose !

Trouver des « appuis »

Certaines personnes ont la chance de porter des lunettes. Si, hélas, vous faites partie des malchanceux, filez chez un opticien. On peut ôter ses lunettes, les remettre, les nettoyer ou même les brandir dans les moments délicats. Mieux encore, on peut s'en servir comme d'une tétine ou de tout objet du même acabit sur lequel les enfants en très bas âge jettent leur dévolu. Cette succion particulièrement sensuelle d'un bout de branche de lunettes, accompagnée d'un froncement de sourcils, favorisera l'apparente concentration d'esprit de Monsieur Bluff en pleine action.

Surmonter son trac

La perspective de prendre la parole en public est créatrice de comportements inattendus qui peuvent faire de l'orateur en puissance une toute petite chose. En suivant ces quelques conseils, Monsieur Bluff surmontera cette angoisse indescriptible précédant le grand plongeon :

• Boire un coup. Certains orateurs estiment que la combinaison de l'alcool et des décharges d'adrénaline provoquées par les circonstances peuvent avoir le meilleur effet sur leur prestation. Méfiance cependant car vous courez le risque de ne plus trop faire la différence entre ce que vous devez dire et ne pas dire.

• Respirer à fond plusieurs fois avant de se lancer. Le résultat est excellent. Allez-y, n'hésitez pas.

• Les experts prétendent que le meilleur moyen de rester serein avant de prendre la parole est de bander puis de détendre certains muscles du corps. L'exercice est évidemment à proscrire si on est sujet à des crampes qui empêcheraient d'ouvrir la bouche au moment crucial.

• Fermer les yeux une minute et faire le vide complètement est un autre moyen de se mettre en forme avant la bataille. Quelques orateurs professionnels préconisent aussi de bâiller à plusieurs reprises et à fond : détente garantie pour entamer son discours avec une mâle (ou femelle, c'est selon...) assurance.

LE PASSAGE À L'ACTE

Voici le moment tant attendu (mais l'est-il vraiment ?). Le président de séance vient d'annoncer votre nom, vos qualités, le motif de votre intervention et son thème. Entre cet instant et celui qui vous verra couvert d'acclamations, rappelons quelques jalons essentiels.

L'exposé

• Gagnez calmement et lentement votre place, à la table ou derrière le pupitre où vous parlerez. Les orateurs expérimentés n'hésitent pas à trébucher légèrement pour acquérir dès le début un capital de sympathie de la part du public.

• Prenez le temps de rassembler vos pensées et vérifiez que vos notes et fiches pense-bêtes sont en ordre. Le temps ainsi passé à vous préparer ne peut qu'aiguiser l'appétit de votre auditoire et le conforter dans l'idée que vous allez l'honorer de propos aussi exceptionnels que brefs. La manœuvre a encore pour mérite de commencer à calmer l'assistance et de « nettoyer » la salle des multiples rumeurs qui la parcourent.

• Respirez deux ou trois fois à fond, en prenant contact visuellement avec votre auditoire, et préparez-vous à prendre appui du regard sur lui. Vous entendrez le silence s'épaissir et vous pourrez alors commencer.

• Parlez lentement. Ce sont vos silences, éloquents, qui souligneront et feront comprendre vos propos. Regardez le public en promenant votre regard « en papillon », c'est-à-dire en suivant le tracé de la forme d'un papillon, ou d'un M, sur l'ensemble de l'auditoire. Repérez au passage deux ou trois personnes sur lesquelles votre regard pourra se poser plus longuement. C'est un formidable soutien dans les moments difficiles. Les intéressés sur qui vous avez jeté votre dévolu visuel le sentent et vous aident à leur tour, par une attitude plus attentive. Les vétérans de la tribune apprécient particulièrement que ce regard soit celui d'une femme, celle-ci étant à son tour enchantée de tester ses capacités de séduction. Ainsi, tout le monde s'y retrouve.

• Soyez vif. Rien n'est pire qu'un discours morne. N'hésitez pas à ouvrir les bras – c'est une façon d'embrasser l'auditoire et celui-ci y est sensible –, ni à ponctuer une idée, souligner une phrase d'un geste de la main. Ne vous transformez pas pour autant en sémaphore à force de gesticulations. Ne craignez pas de sourire. Si vous avez la gorge sèche – c'est chose courante –, prenez tout votre temps pour vous désaltérer (prévoyez verre et carafe d'eau avec les organisateurs). Cette pause sera très appréciée, sauf si, dans le feu de l'action et sous le coup de l'émotion, vous renversez le verre d'eau sur vos notes.

Les questions

La règle de base, avant une intervention, est de ne pas prévoir de questions. La seconde règle, de ne pas y répondre. Mais soyons sérieux, la plupart des exposés impliquent que le public puisse en poser. Monsieur Bluff s'appliquera alors à suivre ces conseils :
• La meilleure façon de s'épargner des questions aussi superflues que nombreuses est de répondre

avec fermeté à la première, comme si la réponse était d'une évidence flagrante. C'est une bonne façon de calmer le jeu, en décourageant les autres. À n'utiliser qu'à bon escient et si les circonstances sont favorables.

• Veillez à faire le distinguo entre les bonnes questions et le baratin d'auditeurs obsédés par leur propre ego, qui vont monopoliser le temps de parole à votre détriment.

• Faites preuve de doigté et de finesse. Évitez en effet des phrases du genre : « Il ne nous reste plus que quelques minutes, alors encore une question, mais intelligente cette fois ! »

• Vous pouvez aussi signaler, en commençant votre exposé, que le temps imparti étant limité, il ne vous sera pas possible de prévoir un *question time* comme disent les anglophones, c'est-à-dire quelques minutes consacrées au jeu de questions-réponses. Si vous repérez dans l'assistance des experts qui en savent probablement plus long que vous sur le sujet, ne manquez pas l'occasion de les citer, de les saluer au passage et de les porter au pinacle : vous éviterez ainsi leurs questions perfides. Peut-être même vous gratifieront-ils de leurs félicitations à la fin de l'exposé... Ce qui ne sera que justice !

• Si vraiment vous n'êtes pas en mesure de répondre à une question posée, utilisez la technique bien connue des hommes politiques : répondez avec un luxe de détails, mais complètement à côté de la plaque. Au terme de votre intervention, il y a de très fortes chances pour que tout le monde ait oublié la question initiale (voir à ce sujet en annexe le très utile précis de la langue de bois).

• Lorsque vous avez l'intention de noyer le poisson, ne vous croyez pas obligé de ressortir – sauf si vous sentez que les circonstances s'y prêtent pour dérider l'auditoire – la formule désormais émoussée, mais rendue célèbre naguère par un président de la République, et général de surcroît : « C'est une excellente question, je vous remercie de me l'avoir posée. » Mieux vaut gagner du temps, avec une formule du genre : « Excusez-moi, je n'ai pas bien compris votre question. Pourriez-vous me la répéter en la détaillant peut-être davantage ? »

• Quoi qu'il arrive, répondez avec franchise, en signalant au besoin les limites de vos capacités. Puis ajoutez : « Ai-je répondu à votre question ? » (Ou, plus subtilement, « à votre préoccupation ? ») Bien que cette question ait toutes les chances de vous attirer la sympathie de l'assistance, méfiez-vous cependant : vous prenez le risque qu'un petit malin n'hésite pas à vous répondre : « Pas du tout, etc. » Ne vous laissez pas embarquer dans cette galère et mettez un terme, sèchement mais courtoisement, à un processus qui pourrait être sans fin. Appuyez-vous sur la sympathie du reste du public qui en général n'aime pas trop les « messieurs-je-sais-tout ».

Les incidents de parcours

Les interruptions survenant au beau milieu d'un discours ou d'un exposé sont déstabilisantes. Si des incidents commes des bruits de travaux sur un chantier voisin viennent couvrir votre voix, plusieurs solutions sont envisageables : parler plus fort (prévoir de se faire installer un micro plus puissant, et moduler sa voix en conséquence) ou envoyer quelqu'un négocier un arrêt momentané des travaux.
Cas extrême, une milliardaire qui dormait dans la suite qu'elle occupait dans un célèbre hôtel parisien, fut réveillée par des travaux dans l'immeuble contigu. Elle fit sur-le-champ racheter l'immeuble par son homme d'affaires : les travaux cessèrent aussitôt. Voilà une bonne anecdote à ressortir face à ce genre de situation.

On raconte aussi l'histoire d'un chat qui poussait des miaulements aigus car il était coincé dans les tuyauteries du faux plafond surmontant l'estrade où intervenait une importante personnalité, face à trois cent cinquante auditeurs non moins importants. L'orateur sut tirer avantage de la situation : à chacune de ses affirmations, il levait un doigt vers le ciel et ajoutait, après un silence, parfois rompu par le miaulement escompté : « Le chat approuve ! » Il fit un tabac. Les pompiers firent le reste.

À propos des « aides visuelles »

Il faudra bien un jour se décider à tordre le coup à ces invraisemblables « aides visuelles » (transparents, séquences vidéo, films, projection de diapositives). Elles constituent en effet le moyen le plus sûr de faire capoter un exposé ou une intervention, et de foutre en l'air la prestation oratoire la plus brillante. Elles perturbent le déroulement de l'exposé ainsi que l'attention de l'auditoire. À peine l'orateur a-t-il posé sur le rétroprojecteur un transparent de quinze lignes et deux schémas, destiné à appuyer une argumentation délicate, que l'on constate qu'il pérore dans le vide. L'assistance l'a en effet abandonné pour se livrer à une lecture solitaire du texte reproduit sur l'écran.

Le comble est atteint lorsque l'orateur se met à lire consciencieusement le texte projeté. La lecture à voix haute prenant beaucoup plus de temps que la lecture oculaire, l'auditoire a toujours une longueur d'avance sur l'orateur : c'est la catastrophe, et un cas exemplaire de non-communication !
L'informatique a certes permis d'effectuer de grands progrès et de surmonter ces difficultés, car on peut ne projeter sur l'écran que la phrase, les chiffres ou les données dont on est en train de parler. Mais les installations sont coûteuses en logiciels, équipements, logistique et autres préparatifs.
Il n'empêche qu'aucune aide visuelle ne saurait améliorer un discours. Les mots font image, même si, parfois, comme le disait Bonaparte, « un bon croquis vaut mieux qu'un long rapport ».

LES OCCASIONS DE PARLER EN PUBLIC

Pour clore un déjeuner ou un dîner

Pour être convié à s'exprimer en de telles circonstances, il faut soit jouir d'un statut hors du commun (compagnon de la Libération, académicien, évêque *in partibus*, ancien président d'université ou de grande école, membre du Conseil constitutionnel, prix Goncourt ou Fémina, etc.), soit exercer un métier, pratiquer une activité, ou assumer un mandat hors du commun (ancien ministre, président honoraire d'un golf ou d'un club de boulistes méditerranéen, d'une académie d'arts martiaux ou d'une amicale d'anciens de Saint-Cyr). L'essentiel est d'avoir été cité, vu ou entendu dans les médias à un titre quelconque, même, s'il le faut, en qualité de « divorcé de l'année ».

Dans le cadre de son entreprise

Ces exposés peuvent concerner aussi bien le dernier modèle d'extrudeur, jailli du génie des ingénieurs maison, que l'annonce des menus de la semaine prochaine à la cafétéria ou le départ à la retraite d'un collègue. Il arrive qu'on se souvienne, dans les entreprises, que, pour parler de tout et de n'importe quoi, les mieux placés sont tout de même ceux qui connaissent un tant soit peu le sujet. Si vous ne vous sentez pas à la hauteur, passez le bébé à un jeune collaborateur ou prétextez quelque malaise grippal, voire une extinction de voix.
Simplifiez-vous la vie en appliquant pour fil conducteur le conseil devenu adage : « Dites ce que vous allez dire, dites-le et dites que vous l'avez dit. »

Séminaires et colloques professionnels

Seule différence avec les précédents : les lieux sont plus vastes, l'assistance plus nombreuse et les frais plus élevés. Monsieur Bluff, s'il est cadre dirigeant, n'hésitera pas à se porter candidat pour trois raisons : d'abord parce que n'importe quel autre orateur serait de toute façon au moins aussi mauvais, voire peut-être pire, que lui ; ensuite parce que personne ne s'intéressera à ses propos mais que sa qualité de cadre dirigeant lui assurera derechef des applaudissements aussi spontanés que nourris ; enfin parce que Monsieur Bluff se doit d'être associé à des événements ou manifestations dignes de son rang...

Mariages

• *Si l'orateur est le marié*

Il bénéficiera d'emblée d'un potentiel de sympathie car chacun sait qu'il se remet tout juste de la fiesta couronnant l'enterrement de sa vie de garçon, et qu'il est probablement taraudé par la question de savoir s'il sera « à la hauteur » – pas seulement celle de son discours.

Le marié évoquera sa première rencontre avec sa dulcinée, les circonstances dans lesquelles un tendre amour a délicatement pris naissance, etc. Qu'on se rassure, personne n'est dupe et chacun soupçonne que ça ne devait pas être aussi platonique que ça, la plus convaincue étant la mariée malgré ses airs angéliques.

Il mentionnera ensuite les problèmes que son jeune ménage va devoir surmonter au cours des années à venir, après avoir courageusement investi la totalité de ses économies dans l'achat de l'appartement qui va abriter sa future progéniture. (Ce passage est plus

particulièrement destiné à l'oncle Paul, depuis longtemps à la tête d'une fortune aussi appréciable que convoitée.)
Enfin, il remerciera tout le monde d'être là et d'avoir ainsi contribué au succès inoubliable de la cérémonie, mais il évitera surtout de citer des noms car à coup sûr il oubliera quelqu'un : ce serait le point de départ d'une de ces querelles de famille, jalonnées de perfides vendettas entre belles-sœurs, qui se poursuivent jusqu'à la huitième génération.

• *Si l'orateur est le témoin*
Monsieur Bluff sait ce que tout le monde attend du témoin : être (enfin) l'homme d'esprit de la cérémonie. Qu'il ne se laisse pas abattre et respecte à la lettre les règles suivantes, qui lui permettront de s'en sortir haut la main.
– Prononcez votre petit discours quand il est encore temps, c'est-à-dire avant d'être aussi éméché que le reste de l'assistance.
– Faites bref, avec deux ou trois anecdotes résumant la vie du marié à grands renforts de raccourcis fulgurants et perfides. Utilisez, même si c'est éculé, le « Je me souviens » à la Georges Pérec, ça marche à tous les coups.
– Ne vous lancez dans quelques bonnes blagues que si vous y excellez, et si vous les avez préparées et soigneusement répétées.

– Faites la lecture de quelques télégrammes reçus et, si nécessaire, arrangez-en allégrement le contenu : ils ont été expédiés par des personnes qui soit ne pouvaient pas être là, soit n'étaient pas formellement conviées à la cérémonie.
– Si vous connaissez bien la famille, vous pouvez aussi faire le coup de l'abécédaire en mettant le doigt sur les habitudes, les coutumes ou les caractères spécifiques de ses membres.
Exemples : A comme acariâtre... T comme tête de veau (par exemple dans la famille Chirac), etc.
– N'hésitez pas à user et à abuser de citations sur les bienfaits ou les inconvénients du mariage en choisissant dans le florilège en annexe.

• *Si l'orateur est le père de la mariée*
Il saura affronter l'ironie du sort : non seulement il lui faut financer la cérémonie et la fête, mais il doit accepter de surcroît de se produire en spectacle. Dans ce rôle, trois idées clés l'aideront à concocter un bon discours, à condition de faire bref et en douceur :
1. Rappelez combien vous êtes comblé d'avoir un gendre – ou une belle-fille – d'une telle qualité, même si vous ne pouvez pas l'encadrer (et si en plus tout le monde le sait).
2. Déplorez combien votre fils ou fille chéri(e) va vous manquer, à vous et à votre chère épouse *(sic)*.

Tâchez d'avoir l'air sincère, même si au fond vous éprouvez l'envie de faire les pieds au mur.
3. Soulignez combien le mariage est la plus belle chose au monde, surtout si vous envisagez un troisième divorce.
Et, en guise de conclusion, déversez des tonnes de remerciements sur tout le monde, ça ne mange pas de pain. Enfin, n'oubliez pas de lever votre verre.

Enterrements

Autant de circonstances dans lesquelles il est toujours difficile de prendre la parole... La règle est d'évoquer le destin du disparu en termes chaleureux, même si on le connaissait à peine. Si vous étiez un proche ami du défunt, racontez un épisode que vous avez partagé avec lui ou n'importe quelle anecdote apte à réchauffer les cœurs, quitte à enjoliver les choses (vous ne serez pas le premier à le faire).

QUELQUES TYPES D'ORATEURS

Avant de définir son propre style, Monsieur Bluff aurait tout intérêt à passer en revue le panthéon des orateurs célèbres. Cela lui permettrait de dégager quelques caractéristiques dominantes.

Le benêt

Sa particularité est une détestable propension à rire en permanence de ses propres plaisanteries. Il y prend un tel plaisir qu'il ne prête pratiquement aucune attention à l'assistance et, incapable de différencier les publics auxquels il s'adresse, le benêt les gratifie tous des mêmes histoires drôles. Cet orateur est capable par exemple de placer une des plaisanteries grivoises dont il a le secret aussi bien à l'amicale du club de Rugby de Juvisy-sur-Orge qu'à l'ouvroir des mères d'élèves de Sainte-Marie de Passy.

Le pire, c'est qu'il se croit doté d'un véritable talent pour raconter des histoires drôles et rejoindre ainsi la cohorte des orateurs à la fois appréciés et populaires. Sa phrase préférée est : « Connaissez-vous la dernière... ? » Celle qui revient le plus souvent dans sa bouche : « Où en étais-je au juste... ? » Il est incapable de repérer deux choses primordiales : l'assistance est accablée, ou elle a déjà quitté la salle.

Monsieur Bluff doit savoir qu'il n'existe aucune relation entre l'aptitude à raconter des plaisanteries et une réputation d'orateur talentueux. Une repartie spirituelle vaut dix histoires drôles, quitte à la préparer pour être en mesure de la dispenser à bon escient, au meilleur moment.

L'éléphant

Ce qui le caractérise c'est, bien sûr, sa fameuse mémoire. Mais, même s'il possède son sujet en profondeur, l'éléphant a tendance à rechercher des sujets pointus et souvent réducteurs, tels que : « ténors français inconnus de l'Opéra-Comique de 1930 à 1932 », ou encore « la sexualité des Indiens Jivaros au XIIe siècle ».

Le paon

Comme chacun sait, le propre de cet animal est de faire la roue. Les paons adorent étaler leurs pseudo-connaissances encyclopédiques et leur colossale finesse. Ils se croient capables d'évoquer n'importe quel sujet à la demande. Ce type d'orateur narcissique adopte donc pour devise : « Je sais tout et je vais tout vous dire sur ce que vous avez toujours voulu savoir du monde, de l'univers et de n'importe quoi. »

Monsieur Bluff ne doit jamais accepter de passer pour un paon, au risque de passer pour autre chose. Il refusera poliment d'intervenir s'il ne dispose pas du délai raisonnablement nécessaire pour préparer son exposé, et cela même s'il s'agit d'un des rares sujets sur lesquels il a quelque chose à dire. S'il insiste fermement pour disposer du temps requis aux indispensables recherches et préparatifs de son intervention, il n'oubliera pas cependant que deux idées lumineuses suffisent : l'une pour l'introduction, l'autre pour la conclusion.

Le chameau

Le premier atout, et généralement le plus connu, de ce vaisseau du désert est sa capacité à engloutir quatre-vingts litres de liquide en moins de dix minutes. Ce que l'on ignore généralement, c'est l'existence d'orateurs publics dont les aptitudes sont comparables. Ils acceptent de prendre la parole, quel que soit le motif (réception de mariage ou installation d'une section locale de veuves de guerre remariées) à la seule condition que l'événement soit accompagné d'abondantes libations.

L'écureuil

Charmante mais stupide créature qui ne se rappelle pas à quel endroit elle a laissé ses noisettes ! Voilà qui devrait inciter Monsieur Bluff à ne pas oublier ses fiches pense-bêtes.
Il aura toujours sous la main une copie de ses notes (en cas d'oubli de l'original) et en remettra un exemplaire à un ami ou collaborateur présent. Il peut encore en expédier un double à son futur hôte en lui demandant d'en prendre soin « au cas où... ». Celui-ci sera sûrement impressionné par cette délicate attention et la prendra pour de la considération à son égard, ce qui sera plutôt bien vu.

La souris

Tremblant et timoré, ce type d'orateur risque de temps en temps un coup d'œil par-dessus une montagne de notes et de fiches et s'exprime d'une voix de fausset, à peine audible, ou d'un timbre particulièrement aigu.
Le public est à ce point distrait par ses mimiques (froncements de sourcils, torsions du nez ou pincements de moustache) qu'il en oublierait même la lecture exaltante que l'orateur est en train de faire d'un extrait du MOCI *(Moniteur officiel du commerce international).*

Le tamanoir

Ce petit quadrupède se caractérise par sa peau épaisse et sa fréquentation des fourmilières. Tout orateur affrontant une salle hostile se félicitera d'avoir le cuir tanné, au moment de botter en touche sur les questions gênantes.
Dans cette catégorie, on trouve les orateurs qui ignorent délibérément les gestes du président de séance tentant de leur faire comprendre qu'ils ont dépassé le double de leur temps de parole. Aussi, lors de certaines réunions politiques, la parade a été trouvée sous la forme d'une lumière rouge et aveu-

glante signalant sous le nez de l'orateur que le micro sera coupé dans les minutes suivantes.
Farfouillant dans les fourmilières (humaines) pour en tirer autant d'informations secrètes et croustillantes, l'orateur tamanoir a toujours sous la main des périodiques à sensations dans lesquels il fouine pour trouver des histoires peu recommandables mais susceptibles de faire frétiller un public avide.

ANNEXES

Florilège de citations à placer dans un discours de mariage

« Je veux bien être embêté par les femmes, mais pas tout le temps par la même. »
« On ne se marie jamais très bien du premier coup, il faut s'y reprendre. » (Alfred Capus)

« Un ménage n'est plus un ménage lorsque c'est le chien qui apporte les pantoufles et la femme qui aboie. » (Henry Bernstein)

« Qui pense aujourd'hui au mariage en dehors de quelques prêtres de gauche ? »
« Je t'aimerai d'amour, toujours, ce soir. » (Louise de Vilmorin)

« Un bon mariage serait celui où l'on oublierait le jour qu'on est amant et la nuit qu'on est époux. » (Jean Rostand)

« Quand un homme et une femme sont mariés, ils ne font plus qu'un. La première difficulté est de décider lequel. » (George Bernard Shaw)

« Deux personnes mariées peuvent fort bien s'aimer… à condition de ne pas être mariées ensemble. »
« Quand un homme vous prend votre femme, il n'y a pas de meilleure revanche que de la lui laisser. »
« Le mariage est comme le restaurant, à peine est-on servi qu'on regarde ce qu'il y a dans l'assiette du voisin. » (Sacha Guitry)

« J'épouserais plus volontiers une petite femme qu'une grande pour cette raison que, de deux maux, il vaut mieux choisir le moindre. » (Commerson)

« Un homme ne devrait pas se marier avant d'avoir étudié l'anatomie et disséqué au moins une femme. » (Honoré de Balzac)

« Les femmes sont comme les éléphants, tout le monde aime les regarder mais personne ne veut en garder. » (W.C. Field)

« En cinq lettres, définition de mots croisés : Anarchiste tchèque : AMOUR. Car l'amour est enfant de Bohème et n'a jamais jamais connu de lois. »
(Tristan Bernard)

« Le sexe sans amour est une triste expérience, mais au fur et à mesure de cette triste expérience, ça devient une sacrée bonne triste expérience. »
« Je suis un amant exceptionnel parce que je m'exerce beaucoup tout seul. »
« Elle était vraiment très laide. Son visage ressemblait à la voix de Louis Armstrong. »
« Ma vie amoureuse est catastrophique. La dernière fois que j'ai pénétré une femme, c'était quand j'ai visité la statue de la Liberté. »
(Woody Allen)

« Je ne connais rien au sexe car j'ai toujours été mariée. »
« Le mariage est une grande institution mais je ne suis pas encore prête pour une institution. »
(Zsa-Zsa Gabor)

« Les êtres nous deviennent supportables dès que nous sommes sûrs de pouvoir les quitter. » (François Mauriac)

« Les hommes qui ne comprennent pas les femmes se divisent en deux groupes, les célibataires et les mariés. » (Jacques Languirand)

« Le mariage, c'est comme une cage. On voit les oiseaux à l'extérieur qui voudraient bien y rentrer, et ceux de l'intérieur qui voudraient bien en sortir. » (Michel de Montaigne)

« La bigamie, c'est avoir une femme de trop, la monogamie, c'est pareil. » (Anonyme)

Discours de départ à la retraite d'un collaborateur ou d'une collaboratrice dévoué(e)

Le discours au futur retraité doit rester dans la mémoire de chacun comme un sommet de l'art oratoire. Ce qui est important, c'est d'éviter les excès consternants (cités ci-dessous) et de trouver un juste milieu entre le sérieux et l'humour :

Plan-type du discours d'adieu

Le problème est en réalité très simple. Il suffit de suivre un plan immuable pour satisfaire à la fois le « partant » et ceux qui restent. Rappelez-vous vos compositions françaises de troisième.

1. *Introduction.* Rappel des états de service, panégyrique et compliments divers, insister sur les promotions successives (se renseigner auprès de la direction des ressources humaines).

2. *Développement.* Citer toutes sortes d'anecdotes (amusantes si possible) glanées auprès des anciens de la société : sachant leur collègue sur le départ ils ne se priveront pas. Exalter le développement du chiffre d'affaires de l'entreprise, que l'on doit bien sûr partiellement au partant. Commenter abondamment l'utilité du cadeau de départ qui « va vous permettre de profiter d'un temps libre bien mérité ». Excusez le

P-DG qui vient de vous dire par e-mail (@ mister bluff-http-ok-fr-talbonjourdalfred) son regret d'être retenu à Hong Kong et son souci de transmettre ses vœux les plus chaleureux d'heureuse retraite à celle ou celui qu'on célèbre.

3. *Conclusion.* « La grande famille que nous formons tous ensemble se sent devenir un peu orpheline aujourd'hui, mais elle sait (chère/cher X...) que vous ne l'oublierez pas et que vous reviendrez souvent la voir car vous serez toujours chez vous ici. Et puisque la tradition le veut, buvons maintenant le verre de l'amitié... »

Contre-exemples

Discours trop administratif

« En vertu des articles 47 et 49 *bis* (*sexto*) de la loi du 17 juillet 1942, modifiée par celle du 18 juin 1945, alinéa 3, tout employé du secteur concerné, affilié à la convention collective nationale des industries du textile, de la gomme arabique et du verre, aura droit, s'il a cotisé plus de vingt-sept annuités aux caisses normales (Cofimec et Cavitav exclues), à faire valoir ses droits à la retraite. Alors bravo ! Vous y êtes arrivée, mademoiselle Grichu. »

Discours trop sexuel

« Au revoir, cher monsieur Levergeux. Nous ne vous verrons plus tenter d'éteindre le feu qui couvait sous les jupes de Mlle Chalumet... Nous n'aurons plus le plaisir de vous surprendre dans la salle de photocopies essayant de tester vos talents de reproducteur ! Nous le regretterons et vous souhaitons une retraite remplie, dans vos longues heures de liberté, de tous les épanouissements offerts à une nature aussi généreuse que la vôtre. »

Discours trop court

« Salut, bonne santé, bon vent et meilleurs vœux, monsieur Levergeux. Profitez-en, et bien le bonjour chez vous ! Et pour tous les autres, au travail dans cinq minutes ! »

Discours trop familier

« Mon lapin, dommage que tu t'en ailles si vite, tu étais plus forte que quiconque pour expliquer à ma femme que j'étais en réunion de vente... Comment vais-je faire sans toi ? »

Discours trop paternaliste

« M. et Mme Bouzac, ainsi que M. Paul, leur fils, me prient de vous remettre, pour vous remercier de trente-cinq ans de bons et loyaux services rendus à la société Bouzac et Fils, ces deux sacs de pommes de terre : un sac exceptionnel plus celui auquel vous avez droit en fin d'année. Je crois savoir que M. et Mme Bouzac ne seraient pas insensibles à ce que vous leur adressiez un petit mot de remerciement à leur résidence du Cap d'Antibes. »

Discours trop mesquin
« Je vous remets ce crayon à mine, et non pas la jolie parure qu'avaient choisie vos collègues pour votre départ. J'ai en effet retiré de leur sympathique collecte le coût de la réparation de la machine à café détériorée l'année dernière par vos soins. »

Discours trop « private joke »
« J'en en connais une, chère mademoiselle Grichu, qui ne s'embêtait pas quand elle venait travailler le samedi matin, soi-disant pour rattraper le temps perdu. Je crois que l'on s'amusera moins sans vous, surtout lors des conseils d'administration où l'on découvrait que le passif avait été interverti avec l'actif... Enfin, comprenne qui pourra... »

Discours trop intéressé
« Chère mademoiselle Grichu, je suis très heureux que vous soyez désormais toute l'année en vacances au Lavandou, cela vous permettra de nous laisser votre villa au mois d'août. Merci d'avance. »

Discours trop méchant

« La société Bienmalaki vous a chauffée, hébergée, pendant trente-cinq ans, en échange de quoi vous encombriez de vos pattes de mouche des dossiers inutiles. Nul doute que votre départ ne va pas ajouter un surcroît de travail à vos collègues et que, bien au contraire, l'odeur pestilentielle qui régnait dans votre secteur se dissipera. Avez-vous prévenu vos chats galeux que vous seriez là toute la journée à partir de dorénavant ? Il est vrai qu'ils risquent de devenir teigneux maintenant que vous ne leur rapporterez plus ce que vous chapardiez à la cantine... »

Petit précis de la langue de bois

Grâce à ce petit précis Monsieur Bluff pourra composer quelque 51 200 000 phrases susceptibles d'être utilisées à tout moment pour impressionner ses interlocuteurs. Chaque fiche se présente sous la forme suivante :

1. Sujet

....

2. Verbe

....

3. Complément d'objet direct

....

4. Adjectif qualificatif

....

5. Complément de nom

En associant n'importe quel sujet avec n'importe quel verbe, suivi de n'importe quel complément d'objet direct agrémenté d'un adjectif et d'un complément de nom de son choix, Monsieur Bluff constituera des milliers de phrases apparemment cohérentes. Ça marche à tous les coups ! Voici, à titre d'exemple, un discours élaboré à l'aide de ce précis.

« Mesdames, mesdemoiselles, messieurs,
Je tenais à prendre la parole aujourd'hui devant vous, pour dire ceci, qui me paraît en effet tout à fait approprié à la situation qui nous concerne tous.
Étant donné que, dans un premier temps, la privatisation assume la prise de conscience basique du zapping culturel, il est un fait que, dans un deuxième temps, la normalisation virtualise le profil lobbyiste du tissu social. Or, dans la mesure où, à la rigueur la désinformation tétanise la mutation post-moderne de la majorité silencieuse, il convient bien évidemment de prendre en considération le paramètre suivant, puisque le rôle des médias somatise l'arbitraire commensurable d'une génération phasée et que, par ailleurs, le droit-de-l'hommisme fidélise le lapsus holistique du cocooning sauvage.
Il va de soi, dans ces conditions, que la féminitude interpelle le charisme déjà obsolète d'un non-dit potentiel et ceci, en temps réel ! J'insiste sur ce point. Ainsi, nous ne pouvons ignorer que, virtuellement, la sémantique motive le contre-pied adrénalitique des idéologies dominantes car, comme vous le savez, à l'heure actuelle, le new-agisme sous-tend le processus contradictoire de certains noyaux durs. En outre,

le champ du possible décontextualise le clivage convivial de la sabirisation du langage.
Il serait donc souhaitable qu'à terme la géopolitique remodèle le profil actif d'une philosophie de la rue, mais pour cela nous devons faire en sorte que la ghettoïsation gère la relecture polygone d'une dialectique bipolaire, de manière à ce que, légitimement, l'ego-training drive la force de frappe kafkaïenne des vrais enjeux. C'est bien entendu un devoir moral ! Ainsi, sur la longueur, nous pourrons dire que, prosaïquement, la gestique recadre l'effervescence motivationnelle du matériau référentiel.
Or, pour l'heure, à tout le moins, nous pouvons d'ores et déjà affirmer que, sur le terrain, la désinformation récupère la dispersion holistique de l'écosystème relooké. Culturellement, c'est, quelque part, la preuve que la postéropodie remet en question la démarche univoque d'une dimension mythique.
Cependant, et en dernier lieu, je tiens à rappeler une chose : nous sommes aujourd'hui dans la situation où la scientificité ressource le lapsus électif de l'être en devenir, ce qui, en soi, représente un net progrès !
Mesdames, mesdemoiselles, messieurs, Françaises, Français... Vive la France, vive la République ! »

Le totalitarisme des mots

....

réintroduit

....

l'approche

....

phallique

....

de la langue de bois

Le syncrétisme

....

refuse

....

la démarche

....

univoque

....

d'une dimension mythique

L'approche système

……………………………

dénonce

……………………………

la prise de conscience

……………………………

déjà obsolète

……………………………

de l'intégration sociale

L'intellectualisme

……………………………

occulte

……………………………

le tabou

……………………………

recentré

……………………………

de la barrière des mentalités

La scientificité

....

interpelle

....

la mouvance

....

postmoderne

....

des idéologies dominantes

La somatisation

....

intègre

....

l'autoréférence

....

hyperporteuse

....

du visage-marque

L'hypermoralisme

....

revendique

....

la représentation

....

pléonastique

....

du zapping culturel

La socialité

....

somatise

....

le lapsus

....

réactif

....

de l'inconscient collectif

La sémantique

....

placardise

....

le ciblage

....

convivial

....

de la sabirisation du langage

Le droit-de-l'hommisme

....

déconstruit

....

la créativité

....

anti-assimilationniste

....

des vrais-faux ghettos

L'interactivité

....

positive

....

l'arbitraire

....

lobbyiste

....

de l'autrement fictionnel

La normativité

....

problématise

....

le jeunisme

....

néo-classique

....

du tissu social

L'imaginaire du devenir

....

sous-tend

....

le redéploiement

....

médio-identitaire

....

des effets-cultes

La conceptualisation

....

positionne

....

la rhétorique

....

atypique

....

de la soft idéologie

Le rôle des médias

....

débanalise

....

la déconstruction

....

commensurable

....

du réel en pointillé

La désinformation

....

récupère

....

la dispersion

....

manichéenne

....

de la politique politicienne

La géopolitique

....

remodèle

....

le profil

....

conjecturaliste

....

d'une philosophie de la rue

La maïeutique

....

privilégie

....

la dysfonction

....

active

....

du capital-confiance

La médiation

....

globalise

....

la modernité

....

inhibée

....

de l'État spectacle

L'eurodoute

....

drive

....

la force de frappe

....

chlorotique

....

de la logique d'entreprise

La féminitude

....

ressource

....

le charisme

....

symboligène

....

d'un ailleurs téléphobe

La phénoménologie

....

transcende

....

la signification

....

émergente

....

de l'être en devenir

Le multiconformisme

....

tétanise

....

la relecture

....

polygone

....

d'une dialectique bipolaire

La diffraction de la réalité

....

objective

....

le processus

....

électif

....

de la mémoire collective

La stratégie de mouvement

....

pavlovise

....

le consensus

....

cohabitateur

....

des centres décisionnels

Le champ du possible

....

décontextualise

....

le clivage

....

adrénalitique

....

de *cocooning* sauvage

Monsieur Bluff et…

La rationalité

....

met en lumière

....

la non-efficacité

....

prolétaroplébéienne

....

du mieux-disant culturel

Le new-agisme

....

désocialise

....

le néo-cynisme

....

consensuel

....

du moins-image

La productique

....

fragilise

....

la dichotomie

....

destructurée

....

des groupes ethniques

L'eschatosophie

....

diabolise

....

la quotidienneté

....

désérotisante

....

de la contre-culture

L'hétérophobie

....

antagonise

....

le syndrome

....

panracial

....

d'une génération phasée

La télévirtualité

....

énergise

....

la catharsis

....

distanciée

....

des théories du chaos

L'*ego-training*

....

mithridatise

....

la synergie

....

entrepreneuriale

....

d'une avancée médiatico-innovante

La naturalité

....

impulse

....

l'adaptabilité

....

poujadiste

....

de la politique contractuelle

Monsieur Bluff et…

La privatisation

....

remet en question

....

le cérémonial

....

contradictoire

....

de certains noyaux durs

La postéropodie

....

véhicule

....

la thématique

....

interne

....

d'un non-dit potentiel

BIBLIOGRAPHIE

André, Stéphane, *Le Secret des orateurs,* ESF, 1992.

Art de parler en public (L'), Revue du Management, 1995.

Barjou, Bruno, et Mallat, Bertrand, *À l'oral rien d'impossible, Guide pratique pour l'encadrement,* ESF éditeur, 1992.

Bellenger, Lionel, *Le Talent de communiquer (clés pour réussir),* Nathan, 1989.

Bizouard, Colette, *Invitation à l'expression orale,* Chronique sociale, Lyon, 1996.

Burnier, Michel-Antoine, et Rambaud, Patrick, *Le Journalisme sans peine,* Plon, 1997.

Carnegie, Dale, *Comment parler en public,* Hachette, 1972.

Furet, Yves, et Peltant, Sara, *Savoir parler en toutes circonstances,* Le Livre de poche pratique, Retz-CEPL, 1975, 1993.

Gagnière, Claude, *Au bonheur des mots,* Robert Laffont, 1989.

O'Reilly, Marie, *Communiquer avec son auditoire,* Les Éditions d'Organisation, 1989.

Siegfried, André, *Savoir parler en public,* Albin Michel, 1950.

TABLE DES MATIÈRES

Monsieur
Bluff
et...
la
Séduction

Monsieur
Bluff
et...
la
Musique
classique

Monsieur
Bluff
et...
l'Art
moderne

Monsieur
Bluff
et...
Internet

Monsieur
Bluff
et...
le Vin

Monsieur
Bluff
et...
la
Philosophie

Collection dirigée par
Jean-Loup Chiflet

Dans la même collection :

Internet
L'art moderne
La musique classique
La philosophie
La séduction
Le vin
L'économie
Le poste de pilotage
Le football
La publicité
L'opéra

Cet ouvrage a été imprimé par Hérissey
pour le compte des Éditions Anne Carrière
104, bd Saint-Germain, 75006 Paris
en octobre 1997.
Maquette : Thierry Muller
P.A.O. : D. V. Arts graphiques

Imprimé en France
Dépôt légal : novembre 1997
N° d'édition : 0095 – N° d'impression : 78170